UN LÍDER SIN PROPÓSITO

CUANDO DIOS DESPIERTA LO QUE EL LÍDER OLVIDÓ

MARÍA ISABEL RODRÍGUEZ

* * *

Primera Edición — 2026

Publicado por:

Maria Isabel Ministry

Diseño de portada:

Edition personal

ISBN 979-8-9934560-8-9

Impreso en los Estados Unidos

* * *

Contacto y Redes Oficiales

Ministerio / Iglesia El Legado

Vineland, New Jersey, USA

Redes Sociales:

Facebook: María Isabel Ministry

Instagram: @mariaisabel_oficial_

Correo ministerial: airamisabel05@gmail.com

* * *

Nota de la Autora:

Este libro fue escrito con la intención de edificar, formar, confrontar y levantar líderes con visión y propósito. Oro para que cada palabra que leas te acerque más al diseño original que Dios trazó para tu vida.

PÁGINA DE AVISO

AVISO LEGAL, MINISTERIAL Y PASTORAL

Este libro está escrito con el propósito de brindar orientación espiritual, reflexión bíblica y formación de liderazgo desde una perspectiva cristiana basada en las Sagradas Escrituras. Su contenido no sustituye:

- consejería profesional, psicológica o clínica
- asesoramiento legal
- diagnóstico o tratamiento médicoterapia emocional certificada
- procesos administrativos o ministeriales formales

Las experiencias compartidas, ejemplos y enseñanzas están basadas en la interpretación espiritual y pastoral de la autora. Cualquier aplicación o decisión tomada a partir de este contenido debe realizarse con discernimiento, oración y, cuando corresponda, con la guía de profesionales pertinentes.

Las situaciones y testimonios mencionados en el libro han sido adaptados, resumidos o modificados para proteger la privacidad de las personas y no deben interpretarse como descripciones literales o exactas de individuos reales, a menos que se indique lo contrario.

Este libro está diseñado para edificación personal y ministerial; no pretende reemplazar la autoridad bíblica, el consejo pastoral, el liderazgo espiritual establecido ni las decisiones guiadas por la oración y la dirección del Espíritu Santo.

La autora, su ministerio y sus afiliados no asumen responsabilidad por malas interpretaciones o aplicaciones incorrectas del contenido aquí presentado.

El lector es animado a buscar siempre la dirección del Espíritu Santo y a alinearse a la Palabra de Dios antes de aplicar cualquier enseñanza contenida en este libro.

PRÓLOGO

María Isabel Rodríguez

HAY LIBROS QUE SE LEEN, otros que se estudian, pero existen aquellos que marcan una línea en el alma: un antes y un después. Este libro nace precisamente desde ese espacio donde el cielo confronta la tierra, donde la voz de Dios se hace más fuerte que el ruido del activismo, y donde el llamado al liderazgo vuelve a ser purificado por el fuego del propósito.

Lo escribo porque he visto con mis propios ojos —en iglesias, comunidades, ministerios y aun en hogares— un fenómeno silencioso: líderes que caminan, pero sin dirección; que sirven, pero sin convicción; que cargan un título, pero no un propósito.

Hombres y mujeres con talentos extraordinarios, con dones vibrantes, con historias impresionantes... pero sin una visión clara que dé sentido eterno a todo lo que hacen.

En un tiempo donde el ministerio se ha confundido con posicionamiento, donde la notoriedad se ha vuelto más codiciada que la intimidad con Dios, y donde la comparación ha destronado la autenticidad, el liderazgo corre peligro de convertirse en una sombra: visible por fuera, pero vacío por dentro.

Este libro nace para despertar a esa generación.

Porque un líder sin propósito no solo se pierde él mismo: arrastra a otros en el camino.

Cuando la visión se apaga en el líder, se desenfrena el pueblo.

Cuando la voz de Dios se silencia, surge el ruido de la opinión.

Cuando el propósito se abandona, el liderazgo se convierte en un peso y no en un llamado.

Yo también he pasado por temporadas donde he caminado con preguntas más grandes que mis fuerzas, donde he liderado con el corazón desgastado, donde mis manos hacían, pero mi espíritu lloraba por dirección. Y descubrí algo: Dios nunca deja a un líder en ese estado. Él interrumpe, confronta, sacude y redirige.

Porque Él no llama para avergonzar; llama para afirmar, restaurar y enviar.

Este libro es un viaje.

Un viaje hacia dentro, para descubrir por qué tantos líderes están agotados, confundidos o estancados.

Un viaje hacia arriba, para volver a la Fuente de toda visión.

Y un viaje hacia adelante, para activar el propósito que transforma vidas, familias, iglesias y generaciones enteras.

A través de estas páginas quiero hablarte con sinceridad, con experiencia, con profundidad bíblica y con un amor pastoral que desea verte brillar. No brillar por éxito, sino por fidelidad. No por aplausos, sino por obediencia. No por posición, sino por propósito.

Mi oración es que mientras leas, el Espíritu Santo haga tres cosas en ti:

1. Despierte lo que se durmió.
2. Sane lo que se hirió.
3. Impulse lo que está de Dios en ti.
4. Que este libro sea como la zarza ardiente para Moisés:
   - Un encuentro que no se apaga.
   - Una voz que no se confunde.
   - Un llamado que no se posterga.

Si al terminar estas páginas, tu visión se aclara, tu paso se afirma y tu corazón vuelve a arder... entonces este libro habrá cumplido su propósito.

Bienvenido al viaje.

Es tiempo de despertar.

Es tiempo de liderar... pero con propósito.

— *Pastora María Isabel Rodríguez*

SOBRE ESTE LIBRO

UNA INVITACIÓN A VER, A DESPERTAR Y A LIDERAR DESDE EL PROPÓSITO ETERNO

Este libro no fue escrito para entretenerte, ni para añadir otra lectura más a tu estante.

Fue escrito para despertarte.

Cada capítulo ha sido diseñado como una confrontación amorosa, una guía espiritual y un espejo interno donde podrás ver no solo tu liderazgo... sino tu corazón.

Aquí no encontrarás clichés ministeriales, fórmulas vacías ni discursos motivacionales.

Encontrarás verdad, proceso, dirección y propósito.

"Un Líder Sin Propósito" nace de la realidad silenciosa que muchos líderes viven:

Lideran, pero están agotados.

Sirven, pero están confundidos.

Construyen, pero han perdido visión.

Aman a Dios, pero no siempre entienden su propia asignación.

Este libro te llevará a caminar por:

- la identidad del líder
- la ceguera del alma
- la restauración interior
- la visión divina
- la multiplicación de discípulos
- la formación en el desierto
- el legado que Dios quiere construir contigo

Cada página es una conversación entre tú y Dios.

Cada reflexión es una invitación a crecer.

Cada ejercicio es una herramienta para avanzar.

Cada principio es una llave para abrir puertas espirituales.

Este libro no es un manual técnico.

Es una experiencia espiritual que va a remover, ordenar, sanar y activar lo que estaba dormido en ti.

Si estás listo para mirar tu liderazgo con sinceridad...

si deseas escuchar nuevamente la voz de Dios...

si estás dispuesto a dejar lo que ya no produce fruto...

si quieres caminar hacia tu propósito real...

Entonces este libro será una herramienta imprescindible en tu proceso de transformación.

Que el Espíritu Santo te hable, te confronte, te afirme y te empuje hacia la vida de propósito para la cual fuiste creado.

Este libro no es el final.

Es el comienzo de una nueva versión de ti:

un líder con visión, con identidad, con dirección, con propósito y con legado.

INTRODUCCIÓN

El Eco de una Visión Perdida

Vivimos en una generación donde el liderazgo se ha convertido en un concepto común, pero no necesariamente en una práctica transformadora. Existen líderes en cada esfera —ministerios, empresas, organizaciones, iglesias, hogares— pero pocos realmente entienden por qué lideran, para qué lideran o hacia dónde Dios quiere que los lleven.

Esta es la verdad incómoda:

Hay líderes con talentos, dones y habilidades extraordinarias... pero que viven sin propósito.

Líderes ocupados, cansados, saturados de responsabilidades, pero sin una brújula interior que alinee su acción con el diseño de Dios.

El resultado es un liderazgo que funciona, pero no fluye; que avanza, pero no transforma; que se mueve, pero no impacta.

1. EL DIAGNÓSTICO: LA EPIDEMIA SILENCIOSA DEL LIDERAZGO MODERNO

En mis años de ministerio, he visto algo que se repite constantemente:

líderes que lo tienen todo, excepto claridad.

Tienen posición, pero no visión.

Tienen plataforma, pero no propósito.

Tienen seguidores, pero no dirección.

¿Por qué sucede esto?

Porque el activismo reemplazó la intimidad.

Porque la comparación reemplazó la identidad.

Porque el talento reemplazó el carácter.

Porque la necesidad reemplazó la asignación.

Muchos líderes no están fallando por falta de esfuerzo, sino por falta de enfoque.

No por falta de capacidad, sino por falta de visión.

No por falta de pasión, sino por falta de propósito.

Cuando el propósito se pierde, el liderazgo entra en modo automático:

Se sirve por hábito, se trabaja por obligación y se continúa por compromiso, pero no por convicción.

Ese estado —silencioso pero letal— es el que este libro viene a confrontar y sanar.

2. EL PUNTO DE QUIEBRE: ¿QUÉ SUCEDE CUANDO EL LÍDER PIERDE LA VISIÓN?

La Biblia es clara:

"Donde no hay visión, el pueblo se desenfrena." (Proverbios 29:18)

Pero también puede leerse así:

"Donde el líder no tiene visión, todo lo que dirige pierde dirección."

Cuando un líder pierde propósito, inevitablemente:

- se desgasta sin fruto
- confunde al equipo
- improvisa decisiones
- cae en ciclos repetitivos

- se aleja de la obediencia divina
- se vuelve emocional e inestable
- pierde su voz y autoridad espiritual
- sustituye profundidad por actividad

La visión es al líder lo que el corazón al cuerpo:

sin ella, puede parecer vivo, pero no late.

3. LA ESPERANZA: EL PROPÓSITO NO SE PIERDE, SE REACTIVA

La buena noticia es que nadie nace liderando con un propósito plenamente definido.

El propósito se descubre, se recibe, se aprende y se madura.

La visión divina no se fabrica: se revela.

Y cuando Dios revela propósito, todo cambia:

- la motivación se renueva
- la identidad se afirma
- las prioridades se ordenan
- la autoridad espiritual crece
- y el liderazgo se convierte en un acto de obediencia, no en un esfuerzo humano

Este libro no está diseñado para hacerte sentir culpable, sino para despertar lo que dormía.

Para confrontar con verdad, pero también restaurar con gracia.

Para mostrarte no solo el problema, sino el camino de regreso al diseño original de Dios para tu vida.

4. HOJA DE RUTA DEL LIBRO: TRES FASES PARA DESPERTAR UN LÍDER CON PROPÓSITO

Este libro está dividido en tres partes que funcionan como un proceso:

PARTE I – El Diagnóstico: La Sombra del Líder sin Norte

Comprenderás las causas, síntomas y raíces del liderazgo sin propósito.

Identificarás áreas donde tu visión se ha enfriado, distorsionado o perdido.

PARTE II – El Fundamento: Redefiniendo el Liderazgo

Volveremos al principio: qué es un líder, cuál es su identidad, cómo se recibe la visión y qué significa ser guiado por el Espíritu Santo.

PARTE III – El Desafío: Activando un Liderazgo con Significado

Aprenderás pasos prácticos, herramientas espirituales, principios de carácter y estrategias de formación que sostienen un liderazgo con propósito eterno.

Cada capítulo fue diseñado para confrontar, instruir, sanar y activar.

5. UNA INVITACIÓN PROFÉTICA: ESTE LIBRO NO ES INFORMACIÓN, ES TRANSFORMACIÓN

No te acerques a estas páginas como un manual, sino como un encuentro.

Mi oración es que mientras leas:

- Dios te muestre lo que está dormido.
- Dios restaure lo que se quebró.

- Dios alinee lo que se desvió.
- Dios encienda lo que se apagó.
- Dios active lo que está dentro de ti desde la eternidad.

Este libro es un llamado.

Una señal.

Un despertar espiritual.

Un decreto profético para una generación de líderes que ya no quiere simplemente funcionar... sino cumplir un propósito eterno.

Si tu corazón arde mientras lees estas palabras, es porque ya comenzó el proceso.

Bienvenido a la introducción de tu nuevo capítulo como líder.

El viaje apenas comienza.

A quienes fueron llamados antes de saber
que tenían un llamado.

Dedico este libro a todos los líderes que un día dijeron "sí" sin entender por completo hacia dónde Dios los llevaría.

A los que han servido con el corazón cansado, pero con la fe intacta.

A los que continuaron aun cuando las fuerzas eran pocas.

A los que lloraron en silencio mientras guiaban a otros con valentía.

A los que han vivido temporadas donde la visión parecía borrosa, pero el propósito seguía latiendo dentro de ellos.

A ti, líder que te has sentido perdido, estancado, confundido o incomprendido,

este libro es para recordarte que Dios no terminó contigo, ni te dejará donde estás.

Fuiste creado con propósito, diseñado con intención, y llamado con un destino eterno que ninguna circunstancia puede apagar.

También se lo dedico a mi familia, mi mayor ministerio:

su amor, apoyo y fe han sido el impulso divino que ha sostenido mis manos en temporadas de batalla y celebración.

Gracias por caminar conmigo en cada visión que Dios nos ha entregado.

Y sobre todo, a Dios,

quien no solo me llamó a liderar, sino a formar líderes que se levanten con propósito, identidad y voz en esta generación.

A Él sea toda la gloria, la dirección y el legado.

CARTA PERSONAL
AL LECTOR

Querido lector,

Gracias por tener este libro en tus manos.

No lo tomes como una coincidencia. No lo veas como un simple material. No lo leas como quien busca información. Este libro te encontró porque estás en un punto del camino donde Dios quiere hablarte directamente.

Sé que no llegaste aquí por casualidad.

Algo en tu interior —ya sea anhelo, cansancio, curiosidad, inquietud o hambre de más— te trajo a estas páginas. Y quiero decirte, desde mi corazón al tuyo: Dios está a punto de despertar algo que tal vez pensaste que se había apagado.

Como líderes, muchas veces damos más de lo que recibimos.

Estamos para todos... menos para nosotros.

Somos voz para otros... mientras nuestro interior guarda silencios dolorosos.

Cubrimos necesidades ajenas... y pocas veces hablamos de las nuestras.

Caminamos con convicción... aun cuando la visión se vuelve borrosa.

Yo he estado ahí.

He guiado en temporadas donde mi alma pedía descanso, donde mis fuerzas temblaban, donde mis preguntas eran más grandes que mis respuestas, y donde mi propósito parecía haberse escondido detrás del peso del día a día.

Y fue ahí, en ese lugar donde el ruido del liderazgo se mezcla con el clamor del corazón, que Dios me habló con una verdad simple pero transformadora:

"María, no puedes guiar sin propósito. Y no puedes tener propósito si no vuelves primero a mi voz."

Desde esa revelación nace este libro.

No es un manual.

No es una fórmula.

No es una lista de pasos.

Es un encuentro.

Un viaje a lo profundo del alma del líder.

Un espejo que revela, pero también restaura.

Un altar donde Dios vuelve a encender la visión.

Una conversación honesta entre líderes que no quieren solo trabajar...

quieren trascender.

Mi deseo con cada página es acompañarte, afirmarte, confrontarte con amor, y recordarte esto:

- No estás solo.

- No estás roto.

- No estás tarde.

- No estás perdido.

- Y no estás fuera del propósito de Dios.

Hay más para ti.

Hay propósito esperando ser activado.

Hay visión lista para ser restaurada.

Hay un líder dentro de ti que Dios está despertando.

Gracias por confiarme tu atención, tu tiempo y tu proceso.

Gracias por permitir que este libro toque áreas que quizás has guardado en silencio.

Gracias por atreverte a ser un líder que no solo carga un título, sino un destino.

Mientras leas, oro que el Espíritu Santo ilumine tu entendimiento, renueve tu fuerza, restaure tu identidad y te entregue la visión que moverá tu vida hacia el propósito eterno por el cual fuiste creado.

Con todo mi corazón,

María Isabel Rodríguez

PARTE UNO
LA SOMBRA DEL LIDERAZGO SIN NORTE

CAPÍTULO UNO

EL ESPEJISMO DE LA OCUPACIÓN

CUANDO EL MOVIMIENTO REEMPLAZA LA DIRECCIÓN

Frase

"LA OCUPACIÓN TE MUEVE, pero solo el propósito te dirige."

Vivimos en una era donde estar ocupado se ha convertido en una señal de valor, compromiso y hasta espiritualidad. Muchos líderes llenan sus agendas creyendo que el movimiento constante es sinónimo de obediencia, cuando en realidad puede ser solo una respuesta a la presión, a las expectativas externas o al miedo de detenerse.

El problema no es trabajar.

El problema es **trabajar sin dirección**.

El espejismo de la ocupación hace que el líder sienta que avanza, cuando en realidad solo se está moviendo en círculos. Hay agendas llenas, pero corazones vacíos. Hay actividades constantes, pero fruto limitado. Hay esfuerzo humano, pero poca dirección divina.

Jesús nunca fue un líder apresurado, y aun así, cumplió perfectamente su propósito. Su vida nos enseña que la efectividad espiritual no se mide por cuántas cosas hacemos, sino por **cuánto obedecemos**.

"Mi comida es que haga la voluntad del que me envió, y que acabe su obra."

— *Juan 4:34*

Jesús no se movía por urgencia, sino por asignación. No reaccionaba a la demanda, respondía al Padre. Esa es la diferencia entre un liderazgo ocupado y un liderazgo con propósito.

* * *

CUANDO LA AGENDA SUSTITUYE LA OBEDIENCIA

Muchos líderes comienzan con un llamado claro, pero con el tiempo permiten que la necesidad, la expectativa de otros o la urgencia del momento gobiernen sus decisiones. Poco a poco, la agenda deja de ser una herramienta y se convierte en un amo.

Cuando esto ocurre:

- Decimos "sí" a todo
- Confundimos necesidad con llamado
- Medimos éxito por actividad
- Nos cansamos sin entender por qué
- Perdemos sensibilidad espiritual
- Dejamos de escuchar la voz de Dios

El peligro no es hacer demasiado, sino **hacer lo incorrecto con mucha intensidad**.

La Palabra nos recuerda:

"Encomienda a Jehová tus obras,

y tus pensamientos serán afirmados."

— Proverbios 16:3

Cuando no encomendamos nuestras obras a Dios, terminamos trabajando mucho... pero pensando poco en Su voluntad.

* * *

LA ILUSIÓN DEL PROGRESO

El espejismo funciona así: parece real, se ve real, se siente real, pero no lo es. Así también la ocupación sin propósito. El líder puede sentir que avanza, pero espiritualmente está estancado.

David entendió esta verdad cuando declaró:

"Por Jehová son ordenados los pasos del hombre,

y Él aprueba su camino."

— *Salmos 37:23*

No todos los pasos que damos están ordenados por Dios, aunque parezcan buenos. Solo los pasos alineados a Su propósito producen fruto duradero.

Pablo lo expresó con claridad cuando escribió:

"Mirad, pues, con diligencia cómo andéis,

no como necios sino como sabios,

aprovechando bien el tiempo...

entendiendo cuál sea la voluntad del Señor."

— *Efesios 5:15–17*

El tiempo se puede llenar...

pero solo la voluntad de Dios lo redime.

* * *

UN LLAMADO A DETENERSE Y EVALUAR

Este capítulo no busca producir culpa, sino despertar discernimiento. Antes de avanzar al siguiente nivel de liderazgo, Dios nos invita a hacer una pausa honesta.

Reflexión guiada

- ¿Cuándo fue la última vez que estuviste ocupado haciendo algo que Dios nunca te pidió?

- ¿Tu agenda refleja obediencia o presión externa?

Responder estas preguntas con sinceridad puede ser el primer paso hacia la restauración del propósito.

* * *

EJERCICIOS PRÁCTICOS

Ejercicio 1: Lista de Actividad vs. Propósito

Escribe tus **10 actividades principales del mes**.

Luego, al lado de cada una, marca:

- ✓ *Dios me lo pidió*
- ! *Yo lo asumí*

Ora sobre las que asumiste sin dirección divina. Pregunta al Señor cuáles debes soltar, ajustar o reordenar.

Ejercicio 2: Ritual de Pausa Espiritual

Durante **7 días**, dedica **15 minutos diarios** exclusivamente para escuchar al Espíritu Santo.

Indicaciones:

- No pidas nada
- No hables mucho
- No lleves agenda
- Solo di: *"Habla, Señor, estoy escuchando"*

Anota cualquier impresión, pensamiento o dirección que recibas.

Este ejercicio no acelera el proceso...

pero **restaura la claridad**.

* * *

CIERRE DEL CAPÍTULO

La ocupación puede llenarte el día,

pero solo el propósito llenará tu alma.

Dios no está buscando líderes más ocupados,

sino líderes **más alineados**.

Cuando el propósito vuelve al centro, la agenda se ordena, el corazón descansa y el liderazgo recupera dirección.

Este es solo el comienzo.

CAPÍTULO DOS

VIDAS DE PRÉSTAMO

CUANDO LA IMITACIÓN SUSTITUYE EL DISEÑO ORIGINAL

UN LÍDER sin propósito fácilmente se desliza hacia un territorio peligroso: la imitación.

No porque lo desee, sino porque la falta de visión propia lo obliga a mirar lo que otros hacen, cómo lo hacen, y a veces incluso... a tratar de ser como ellos.

El liderazgo sin identidad lleva inevitablemente a una vida de préstamo: estilos prestados, ideas prestadas, visiones prestadas, modelos prestados y en algunos casos, personalidades prestadas.

Si no sabes quién eres, terminarás siendo una copia debilitada de lo que admiras, en lugar de una expresión auténtica de lo que Dios diseñó.

* * *

1. LA TRAMPA SUTIL DE LA IMITACIÓN

Imitar no siempre parece malo.

A veces surge del respeto, la admiración o el deseo de aprender.

Pero cuando la imitación sustituye el diseño, el líder se desconecta de su esencia.

Muchos líderes caen en esta trampa cuando:

- carecen de identidad clara
- desean aprobación externa
- sienten inseguridad ministerial
- comparan sus procesos con los de otros
- creen que ser "como alguien más" los hará más aceptados

Pero lo prestado nunca encaja igual.

Lo prestado no fluye.

Lo prestado no tiene respaldo eterno.

Lo que admiras en otros puede inspirarte, pero nunca debe reemplazar lo que Dios depositó en ti.

* * *

2. LA CULTURA DEL LIDERAZGO COPIADO

Vivimos en una generación donde la imitación es más fácil que la autenticidad.

Todo está al alcance:

- mensajes
- estilos de predicación
- estructuras ministeriales
- diseños de iglesia
- métodos de liderazgo
- lenguaje espiritual
- personalidad "ministerial" aprendida
- incluso testimonios elaborados para agradar

Pero nada de eso reemplaza la intimidad con Dios.

La imitación crea líderes uniformes.

La identidad crea líderes relevantes.

Dios no necesita más copias;

Dios necesita voz, no eco.

Cuando un líder opera desde lo prestado, no solo pierde su esencia: también pierde autoridad.

La autoridad espiritual no proviene de imitar fórmulas, sino de caminar en el diseño divino.

* * *

3. EL CARISMA SIN CARÁCTER: UN PELIGRO

El liderazgo "prestado" suele estar acompañado por un carisma que impresiona, pero no transforma.

Una habilidad para hablar, influir o moverse con gracia, pero sin raíz espiritual.

Carisma sin carácter es una bomba espiritual en espera de explotar.

Muchos líderes caen en la tentación de aparentar profundidad, sin realmente vivirla.

Hablan como gigantes, pero por dentro están vacíos.

Predican como profetas, pero viven como huérfanos.

Dirigen como generales, pero sin conocer su propósito.

El carisma abre puertas.

Pero sólo el carácter las sostiene.

Y el carácter no se copia; se forma.

* * *

4. EJEMPLO BÍBLICO NEGATIVO: DIÓTREFES, EL LÍDER DEL "YO PRIMERO"

En 3 Juan 1:9, el apóstol Juan menciona a un líder poco conocido pero peligroso: Diótrefes.

Este hombre:

- quería ser el primero
- buscaba control
- se oponía a la autoridad apostólica
- prohibía a otros recibir enseñanza
- imitaba la posición de liderazgo, pero no su corazón

Diótrefes nos muestra el retrato exacto del líder que vive de un modelo ajeno, pero sin propósito verdadero.

Es el líder que reproduce estructura... pero no espíritu.

Que imita autoridad... pero no obediencia.

Que aprende el lenguaje espiritual... pero no el corazón de Dios.

Su liderazgo era una fachada de control, no una expresión de propósito.

Este capítulo te confronta:

¿Estás reproduciendo un diseño que Dios te dio o uno que simplemente funciona para otros?

$$* \; * \; *$$

5. EL DISEÑO ORIGINAL: NO FUISTE CREADO PARA COPIAR

Cada líder tiene una huella espiritual única.

Una asignación irrepetible.

Un código interior que solo se activa cuando vive desde su identidad en Cristo.

Dios nunca repite diseños;

Dios revela propósito.

La imitación te limita.

Tu diseño te empodera.

Nadie puede vencer siendo una copia,

pero todos pueden impactar siendo auténticos.

* * *

6. VOLVER AL ORIGEN DE TU IDENTIDAD

Para dejar de vivir con un liderazgo prestado necesitas tres cosas:

1. Silencio interior

Dejar de escuchar las voces que te comparan.

2. Intimidad espiritual

Volver a tu primera fuente: Dios.

3. Identidad afirmada

Recordar quién eres sin micrófono, sin plataforma y sin posición.

Tu identidad en Cristo es tu primer ministerio.

Cuando sabes quién eres, puedes liderar sin imitar.

Cuando tienes visión propia, dejas de perseguir modelos ajenos.

* * *

FRASE

"Un líder sin identidad siempre vive prestado; un líder con propósito siempre vive desde su diseño."

* * *

CITAS BÍBLICAS SUGERIDAS

- Gálatas 1:10 – ¿Busco agradar a los hombres o a Dios?
- Romanos 12:2 – No te conformes a este siglo.
- 3 Juan 1:9 – Diótrefes, quien quería ser el primero.
- Jeremías 1:5 – Antes que nacieras, ya te había escogido.

* * *

REFLEXIÓN GUIADA

1. ¿Qué áreas de tu liderazgo han sido influenciadas más por modelos humanos que por la dirección de Dios?
2. ¿Hay estilos, lenguajes o comportamientos que adoptaste solo para "encajar"?
3. ¿Qué rasgos auténticos de tu identidad has descuidado por la presión de imitar?
4. ¿Estás liderando desde tu esencia o desde la expectativa ajena?

Tómate un momento de honestidad profunda.

Dios no puede ungir una versión falsa de ti.

* * *

EJERCICIOS PRÁCTICOS

Ejercicio 1 – Inventario de Identidad

Escribe 10 características únicas que Dios ha puesto en ti como líder.

Incluye dones, hábitos, fortalezas espirituales y rasgos de tu personalidad.

Luego subraya las 3 más dominantes.

Estas son tu firma espiritual.

Ejercicio 2 – Ruptura de Comparación

Haz una lista de 3 líderes que admiras.

Para cada uno escribe:

- Qué DONES admiras.
- Qué PRINCIPIOS pueden aprender.
- Qué ESTILO no debes copiar porque no fue diseñado para ti.

Esto te enseñará a admirar sin imitar, y a aprender sin perder tu esencia.

Ejercicio 3 – Oración de Autenticidad

Escribe una oración donde declares:

- tu identidad
- tu originalidad
- tu rechazo a vivir prestado
- tu deseo de caminar en el diseño de Dios

Este ejercicio romperá cadenas internas de comparación y competencia.

CAPÍTULO TRES
LA CEGUERA DEL ALMA

CUANDO LA VISIÓN SE APAGA DESDE DENTRO

La ceguera más peligrosa no es la física.

Tampoco es la que ocurre por circunstancias externas.

La ceguera más dañina es la ceguera del alma, esa pérdida de visión interna que desorienta al líder desde lo profundo.

El problema no es que no veas hacia dónde vas.

El verdadero problema es cuando pierdes el porqué de tu caminar.

Un líder puede tener buenos planes, estrategias, metas, compromisos y responsabilidades...

pero si el alma está nublada, todo lo que dirige se desenfoca.

* * *

1. CUANDO LA VISIÓN SE PIERDE DESDE ADENTRO

La falta de visión nunca ocurre de un día para otro.

Es un proceso lento, silencioso y casi siempre espiritual.

La visión comienza a perderse cuando:

- el corazón se llena de distracciones
- el alma guarda heridas sin sanar
- los temores comienzan a dirigir decisiones
- el cansancio ocupa el lugar del discernimiento
- las voces externas suenan más fuerte que la voz de Dios
- la intimidad con el Espíritu Santo se debilita
- las expectativas ajenas pesan más que el llamado interno

No se pierde la visión porque Dios deja de hablar;

se pierde porque dejamos de escuchar.

La ceguera del alma es un estado donde la capacidad de ver espiritualmente se apaga, aunque los ojos naturales sigan abiertos.

* * *

2. EL LÍDER QUE CAMINA PERO NO VE

Muchos líderes siguen avanzando, pero ya no ven:

- no ven su propósito
- no ven su avance real
- no ven los peligros espirituales
- no ven su propio desgaste
- no ven las señales de advertencia
- no ven la necesidad de descanso
- no ven lo que Dios está tratando de mostrarles

Se mueven por memoria… no por revelación.

Funcionan por experiencia… no por discernimiento.

Dirigen por costumbre… no por visión.

Es posible tener ministerio sin dirección,

responsabilidad sin claridad

y actividad sin propósito.

La ceguera del alma convierte al líder en un guía cansado,

en un guerrero desorientado

y en un pastor que cuida, pero no ve.

* * *

3. CAUSAS ESPIRITUALES Y EMOCIONALES DE LA CEGUERA

1. El miedo

El temor nubla la visión porque enfoca el alma en lo que podría salir mal, no en lo que Dios prometió.

2. Las heridas del pasado

Un alma herida interpreta el presente desde la desconfianza, no desde la fe.

3. La distracción

Cuando demasiadas voces compiten por tu atención, la voz de Dios se pierde en el ruido.

4. La falta de comunión con Dios

Sin intimidad, no hay claridad.

Sin oración, no hay visión.

Sin adoración, no hay dirección.

5. El agotamiento emocional

El cansancio no solo desgasta el cuerpo;

también distorsiona la percepción espiritual.

6. El orgullo

El líder que cree que no necesita ser guiado termina perdiendo el rumbo.

La visión no se pierde en el calendario;

se pierde en el corazón.

* * *

4. EJEMPLO BÍBLICO: EL PUEBLO SIN VISIÓN

Proverbios 29:18 declara:

"Donde no hay visión, el pueblo se desenfrena..."

Esto no solo habla de una multitud sin dirección, sino de un líder sin enfoque.

Cuando el líder no ve, el pueblo vaga.

Cuando el líder no oye, el pueblo se confunde.

Cuando el líder se desenfoca, la casa pierde orden y avance.

La visión no es un lujo; es una necesidad espiritual.

Sin visión, el ministerio se convierte en rutina.

Sin visión, las familias pierden rumbo.

Sin visión, el propósito se paraliza.

Sin visión, el alma se apaga.

* * *

5. LA VISIÓN ES UN REFLEJO DEL ESTADO DEL ALMA

Un líder sólo puede ver externamente lo que primero ve internamente.

Un alma en paz produce una dirección clara.

Un alma herida produce decisiones confusas.

Un alma alineada produce visión celestial.

Tu liderazgo nunca será más claro que tu alma.

La visión no es un documento ni una frase;

es un estado espiritual del corazón que sabe escuchar, discernir y obedecer.

Cuando el alma está sana, el propósito se vuelve evidente.

Cuando el alma está en comunión, la visión fluye naturalmente.

La ceguera más profunda se sana desde adentro, no desde afuera.

* * *

FRASE

"La visión no se pierde en los ojos, se pierde en el alma."

* * *

CITAS BÍBLICAS SUGERIDAS

- Proverbios 29:18 – Sin visión, el pueblo se desenfrena.
- Salmos 119:105 – Lámpara es tu palabra.

- 2 Corintios 4:4 – El dios de este siglo cegó el entendimiento.
- Habacuc 2:1–3 – Escribe la visión.

REFLEXIÓN GUIADA

1. ¿Qué área de tu vida espiritual se siente más oscura o confusa?
2. ¿Qué heridas, miedos o distracciones han afectado tu perspectiva?
3. ¿Cuándo fue la última vez que Dios te habló con claridad?
4. ¿Estás viendo tu ministerio desde la fe o desde el cansancio?

Escribe tus respuestas con honestidad.

La ceguera del alma empieza a sanar cuando el líder admite que ya no está viendo.

* * *

EJERCICIOS PRÁCTICOS

Ejercicio 1 – Mapa de Causas Internas

Dibuja un círculo y escribe dentro:

"Mi visión."

Alrededor del círculo crea flechas con palabras que describan lo que obstaculiza tu claridad:

- miedo
- heridas
- cansancio
- distracción
- duda
- orgullo
- presión
- comparación

Este mapa revelará las raíces internas que nublan tu visión.

Ejercicio 2 – Oración de Claridad Espiritual

Escribe una oración donde pidas:

- luz
- discernimiento
- restauración
- sensibilidad espiritual
- dirección divina
- sanidad interna

Ora esta oración por 7 días seguidos.

Ejercicio 3 – El "Ayuno de Distracción"

Durante 3 días:

- limita redes sociales
- reduce conversaciones innecesarias
- apaga televisión/ruido
- aumenta tiempos de oración en silencio
- lee un capítulo de Proverbios diario

Este ejercicio despeja la mente para permitir que la visión fluya nuevamente.

PARTE DOS
REDEFINIENDO EL LIDERAZGO

CAPÍTULO CUATRO

EL LLAMADO ORIGINAL: SER ANTES QUE HACER

LA IDENTIDAD COMO FUNDAMENTO DEL LIDERAZGO VERDADERO

Todo liderazgo comienza con una palabra sencilla pero poderosa: llamado.

No un llamado a hacer, sino un llamado a ser.

Antes de que Dios te confiara un ministerio, te llamó hijo.

Antes de darte una función, te dio una identidad.

Antes de ponerte a liderar, te invitó a seguirle.

La confusión de muchos líderes nace en este punto:

Creen que su valor se encuentra en lo que hacen... cuando Dios siempre quiso que su valor fluyera de lo que son.

El verdadero liderazgo no inicia en una plataforma, un púlpito, un micrófono o un título.

Comienza en la intimidad, en la obediencia y en la identidad.

* * *

1. DIOS TE LLAMA PRIMERO A SER, NO A FUNCIONARLO

Muchos líderes confunden productividad con llamado.

Pero la Biblia nunca presenta a Jesús como un líder obsesionado con la actividad, sino profundamente enfocado en su identidad y misión.

Su primera revelación no fue como predicador.

Ni como maestro.

Ni como sanador.

Fue como Hijo:

"Este es mi Hijo amado en quien tengo complacencia."

— *Mateo 3:17*

Su ministerio comenzó con una afirmación de identidad, no con una asignación pública.

Un líder seguro de su identidad será siempre efectivo en su propósito.

Pero un líder inseguro, aunque haga mucho, tendrá poco impacto eterno.

* * *

2. EL LIDERAZGO SIN IDENTIDAD: UNA CASA SIN CIMIENTOS

Cuando un líder no está afirmado en quién es, caerá en alguno de estos errores:

- servir para ser aceptado
- trabajar para ser reconocido
- compararse con otros líderes
- basar su identidad en resultados
- atarse a la aprobación humana
- temer perder su posición
- caer en agotamiento emocional o espiritual

Cuando tu identidad depende del ministerio, cualquier ataque te derrumba.

Pero cuando tu identidad depende de Cristo, ningún viento te mueve.

Un ministerio sin propósito se desgasta.

Un ministerio sin identidad se destruye.

3. JESÚS: EL MODELO SUPREMO DEL LIDERAZGO DESDE LA IDENTIDAD

Jesús nunca lideró desde la necesidad de demostrar algo.

Nunca actuó desde la presión de los hombres.

Nunca aceptó tareas que no fueran parte de la voluntad del Padre.

Su liderazgo fue guiado por esta verdad:

"El Hijo no puede hacer nada por su cuenta,

sino lo que ve hacer al Padre."

— Juan 5:1

Jesús no imitó.

No buscó aplausos.

No actuó por activismo.

No se apresuró a hacerlo.

Primero observó, recibió y fue.

Su hacer era un reflejo de su ser.

* * *

4. CUANDO EL HACER REEMPLAZA EL SER

Muchos líderes comienzan siendo...

pero luego terminan haciendo sin ser.

Sirven con el corazón cansado.

Predican con el espíritu apagado.

Lideran con identidad debilitada.

Trabajan para Dios sin caminar con Dios.

Este desgaste ocurre porque lo que hacemos consume energía,

pero lo que somos produce fuerza.

El "hacer" drena.

El "ser" renueva.

Por eso Jesús dijo:

"Separados de mí nada podéis hacer."

— Juan 15:5

El fruto no nace del esfuerzo, sino de la conexión.

* * *

5. VOLVER AL LLAMADO ORIGINAL: SER DISCÍPULO ANTES DE SER LÍDER

Jesús nunca dijo:

"Vayan y lideren."

Él dijo:

"Síganme."

— Mateo 4:19

Ser discípulo precede al liderazgo.

La intimidad precede a la asignación.

El carácter precede al carisma.

Un líder que no es un discípulo primero, corre el riesgo de convertirse en un profesional de la fe, pero un extranjero del propósito.

Dios está llamando en este tiempo a líderes que vuelvan a:

- escuchar
- obedecer
- conocer Su voz
- cultivar comunión
- vivir desde la identidad

Porque un líder que está en Cristo, siempre sabrá qué hacer en el Reino.

* * *

FRASE

"Dios no te llamó por lo que puedes hacer, sino por lo que Él diseñó que seas."

* * *

CITAS BÍBLICAS SUGERIDAS

- Mateo 3:17 – Identidad afirmada por el Padre.
- Juan 15:5 – Separados de Él nada podemos hacer.
- Marcos 10:45 – El Hijo del Hombre vino a servir.
- Romanos 8:14 – Los hijos de Dios son guiados por el Espíritu.
- Mateo 11:28–30 – Su yugo es fácil y ligera su carga.

REFLEXIÓN GUIADA

1. ¿Has basado tu identidad en lo que haces más que en quién eres en Cristo?
2. ¿Qué áreas de tu liderazgo nacen de la presión y no del propósito?
3. ¿Tu ministerio actual refleja tu identidad de hijo o tu necesidad de aprobación?
4. ¿Si hoy Dios te pidiera dejar todo, seguirás sintiéndote valioso para Él?

Tómate un tiempo de silencio.

La identidad se escucha más en calma que en ruido.

* * *

EJERCICIOS PRÁCTICOS

Ejercicio 1 – Declaración de Identidad

Escribe 10 declaraciones comenzando con:

"Soy…"

Enfócate en tu identidad espiritual, no en tu función ministerial.

Ejemplos:

- Soy hijo(a) amado(a).
- Soy llamado(a) por Dios.
- Soy heredero(a) del Reino.
- Soy guiado(a) por el Espíritu.

Ejercicio 2 – Remplazar "Hacer" por "Ser"

Identifica 5 actividades en tu liderazgo que haces por obligación.

Luego escribe cómo se verían si las hicieras como hijo, no como esclavos.

Ejercicio 3 – Rutina de Intimidad (7 días)

Durante una semana:

- 10 minutos de silencio en la presencia de Dios
- 10 minutos de lectura de los Evangelios
- 10 minutos de oración espontánea

Sin pedir nada.

Solo estar.

La identidad crece donde el alma descansa.

CAPÍTULO CINCO

LA FUENTE DE LA VISIÓN

LA VISIÓN NO SE INVENTA; SE RECIBE

TODO LÍDER LLEGA a un punto donde debe hacerse una pregunta crucial:

¿Me estoy dirigiendo desde mis ideas o desde la visión de Dios?

La visión no es creatividad.

No es estrategia.

No es un plan personal.

La visión es un depósito divino.

Un pensamiento del cielo revelado al corazón de un líder dispuesto.

Muchos líderes se quedan sin visión porque intentan "producir" lo que solo se puede recibir.

La visión verdadera no nace de la imaginación, sino de la revelación.

* * *

1. LA VISIÓN ES UNA DESCARGA DEL CIELO

Cuando Dios quiere transformar un pueblo, levanta un líder.

Y cuando levanta un líder, le entrega una visión.

Por eso la visión no se inventa: se descubre.

Dios no pide que imagines un propósito;

pide que disciernas el que ya diseñó.

En la Biblia, cada líder que fue usado por Dios recibió visión a través de:

- una palabra
- un encuentro
- una instrucción
- una revelación

- un llamado específico
- una carga espiritual
- un envío divino

Lo que hace que una visión sea poderosa no es el tamaño del proyecto,

sino quién la entregó.

* * *

2. LA ZARZA ARDIENTE: MOISÉS Y LA VISIÓN QUE LLEGA AL LUGAR CORRECTO

Moisés no estaba buscando visión.

No estaba ayudando por un llamado.

No estaba esperando un ministerio.

Estaba cuidando a las ovejas.

Lejos.

Oculto.

Silencioso.

Y allí, en lo ordinario, Dios encendió lo extraordinario.

"Y se le apareció el Ángel de Jehová en una llama de fuego..."

— Éxodo 3

Dios no llamó a Moisés desde el ruido del palacio,

sino desde la soledad del desierto.

La visión llegó cuando Moisés estaba en el lugar exacto donde Dios podía hablarle sin competencia de voces.

La visión no busca multitudes; busca corazones disponibles.

* * *

3. DIFERENCIA ENTRE UN SUEÑO PERSONAL Y UNA VISIÓN DIVINA

Un sueño personal nace del deseo.

Una visión divina nace del cielo.

Un sueño personal se esfuerza en ocurrir.

Una visión divina empuja tu vida hacia sí misma.

Un sueño personal depende de tus capacidades.

La visión divina depende de la unción.

¿Cómo distinguirlas?

Sueño Personal	Visión Divina
Te emociona	Te quebranta
Te impulsa	Te transforma
Es opcional	Es inevitable
Te exalta	Te humilla
Te mueve tú	Te mueve Dios
Es sobre ti	Es sobre el Reino

Lo que viene de Dios siempre te supera.

4. LA VISIÓN NECESITA UN CORAZÓN SENSIBLE

Para que Dios dé visión, el líder debe estar:

- disponible
- sensible
- obediente
- despojado de orgullo
- en comunión
- atento a la voz del Espíritu Santo

Dios no derrama visión sobre un corazón distraído.

La entrega a quienes escuchan, aunque sea en silencio.

Un líder sin comunión será un líder sin visión.

Y un líder sin visión será un líder sin dirección.

* * *

5. LA VOZ DEL ESPÍRITU SANTO: LA FUENTE CONTINUA DE REVELACIÓN

La visión no es un evento único; es un fluir continuo del Espíritu.

Jesús lo dijo:

"Él os guiará a toda verdad... y os hará saber las cosas que han de venir."

— *Juan 16:13*

Esto asegura que:

- Dios no te entrega visión y desaparece
- La visión es progresiva
- El Espíritu actualiza dirección

- Lo que no entiendes hoy lo entenderás mañana

El Espíritu Santo no solo te revela destino,

sino también el camino y el ritmo.

* * *

6. LA VISIÓN SE ESCRIBE, SE ORA Y SE OBEDECE

Habacuc lo aprendió así:

"Escribe la visión...

aunque tardare, espérala."

— *Habacuc 2:1–3*

Tres claves fundamentales:

1. Escribirla

La visión no se guarda en la memoria; se registra en la obediencia escrita.

2. Orarla

La visión sin oración es solo una idea.

3. Obedecerla

La obediencia activa lo que la visión anuncia.

Muchos líderes han visto visiones que nunca se cumplieron porque no fueron obedientes al proceso.

La visión es promesa con condiciones.

* * *

FRASE

"La visión no se inventa; se recibe de la voz de Dios a un corazón que escucha."

* * *

CITAS BÍBLICAS SUGERIDAS

- Éxodo 3 – Moisés y la zarza ardiente
- Habacuc 2:1–3 – Escribe la visión
- Juan 16:13 – El Espíritu guía a toda verdad
- Proverbios 19:21 – El consejo de Jehová permanecerá

• 1 Samuel 3:10 – "Habla, porque tu siervo oye"

* * *

REFLEXIÓN GUIADA

1. ¿Tu visión actual fue entregada por Dios… o construida por presión personal?
2. ¿Estás escuchando la voz de Dios con claridad o hay ruido espiritual?
3. ¿Estás siguiendo una idea o una revelación?
4. ¿Qué parte de tu vida necesita silencio para que la visión se escuche?

* * *

EJERCICIOS PRÁCTICOS

Ejercicio 1 – Diario de Visión

Por 14 días, escribe todas las impresiones, sueños, palabras y luces espirituales que Dios te dé en oración.

Luego identifica patrones.

Ejercicio 2 – Momento de Zarza Ardiente

Dedica 20 minutos diarios a un lugar silencioso donde sólo digas:

"Habla, Señor. Estoy escuchando."

Escribe lo que sientas.

Ejercicio 3 – Discerniendo la Fuente

Haz dos columnas:

- "Lo que nació de mí"
- "Lo que nació de Dios"

Clasifica tus últimos 10 proyectos, decisiones o ideas ministeriales.

Esto limpiará la visión.

CAPÍTULO SEIS
LA MULTIPLICIDAD DEL PROPÓSITO

EL PROPÓSITO NO ES UNA TAREA; ES UN DISEÑO DIVINO QUE ABARCA TODA TU VIDA

MUCHAS VECES PENSAMOS EN "PROPÓSITO" como si fuera una sola cosa, un destino final o un rol específico que cumplir.

Pero el propósito en Dios no es lineal: es múltiple, integral y expansivo.

El problema de muchos líderes es que buscan un solo propósito, una sola asignación, un solo llamado... cuando Dios diseñó su vida con capas de propósito, todas conectadas entre sí.

No existe un solo propósito en tu vida.

Existe un propósito principal —glorificar a Dios—

y múltiples expresiones de ese propósito.

* * *

1. EL PROPÓSITO: MÁS QUE UNA FUNCIÓN, UNA NATURALEZA

Tu propósito no es ser pastor, líder, adorador, intercesor, maestro o evangelista.

Eso son roles, asignaciones, funciones, temporadas o encargos.

Tu propósito más alto es reflejar a Cristo donde Él te envíe.

El propósito no es algo que haces,

es algo que eres en Dios.

Por eso Jesús resumió todo propósito en estas dos palabras:

"Síganme."

— *Mateo 4:19*

Seguirlo te revelará en qué debes servir, cómo, dónde y cuándo.

El propósito no cambia, pero sus expresiones sí.

* * *

2. LOS CINCO PROPÓSITOS FUNDAMENTALES QUE SOSTIENEN TODO LIDERAZGO

Todo líder del Reino debe vivir en equilibrio en estas cinco dimensiones:

1. ADORACIÓN — FUISTE CREADO PARA CAMINAR CON DIOS

Tu propósito nace de tu intimidad.

No puedes liderar desde un lugar donde no adoras.

"Porque para esto fuimos creados... para su gloria." (Isaías 43:7)

Cuando la adoración es tu ancla, la visión no se distorsiona.

2. COMUNIÓN — FUISTE DISEÑADO PARA VIVIR EN CUERPO, NO EN SOLEDAD

No hay liderazgo saludable sin relaciones saludables.

"Perseveraban en la comunión unos con otros." (Hechos 2:42)

La comunión protege tu corazón y tu propósito.

3. DISCIPULADO — FUISTE LLAMADO A CRECER Y HACER CRECER A OTROS

No importa cuántos años lleves sirviendo; el crecimiento nunca termina.

"Id y haced discípulos..." (Mateo 28:19)

Un líder sin crecimiento se estanca.

Un líder que no discipula se apaga.

4. SERVICIO — FUISTE FORMADO PARA SERVIR, NO PARA SER SERVIDO

El servicio revela tu carácter y tu humildad.

"El Hijo del Hombre no vino para ser servido..." (Marcos 10:45)

Tu propósito florece donde tus manos se entregan.

5. EVANGELISMO — FUISTE ENVIADO A COMPARTIR ESPERANZA

La visión divina siempre incluye a otros.

"Recibiréis poder... y me seréis testigos." (Hechos 1:8)

Un líder que no evangeliza pierde el enfoque del Reino.

3. CUANDO SE ROMPE EL EQUILIBRIO, SE DISTORSIONA LA VISIÓN

Muchos líderes se frustran porque:

- adoran, pero no crecen
- sirven, pero no evangelizan
- discipulan, pero no se relacionan
- lideran, pero no descansan
- trabajan, pero no oran
- oran, pero no accionan
- enseñan, pero no se dejan enseñar

La falta de propósito no es falta de llamado,

es falta de equilibrio.

Tu vida espiritual es como una mesa de cinco patas.

Si una falla, todo se tambalea.

* * *

4. EL PROPÓSITO NECESITA PLANIFICACIÓN CON DIRECCIÓN DIVINA

Dios no bendice el desorden; bendice lo alineado.

Una visión sin plan es sueño.

Un plan sin visión es activismo.

La planificación con propósito es disciplina espiritual.

La visión te inspira.

El plan te organiza.

El propósito te sostiene.

La planificación guiada por Dios no limita al Espíritu;

le da espacio para trabajar con claridad.

* * *

5. CÓMO ATERRIZAR LA VISIÓN DIVINA EN UN PLAN PRÁCTICO

Aquí hay un modelo que puedes aplicar a cualquier área de tu liderazgo:

1. Escucha

Antes de planificar, ora.

Antes de ejecutar, escucha.

Antes de moverte, discierne.

2. Escribe

Todo lo que Dios te muestre, escríbelo.

La visión no escrita se pierde en la memoria.

3. Ordena

Clasifica lo que Dios te habló en:

- corto plazo
- mediano plazo
- largo plazo

La visión de hoy necesita un calendario de mañana.

4. Actúa

El propósito se activa en la acción, no en la intención.

5. Evalúa

La revisión mantiene la visión viva.

Lo que no evalúas, se estanca.

* * *

FRASE

"El propósito no es una tarea; es un diseño divino que se expresa en cada área de tu vida."

* * *

CITAS BÍBLICAS SUGERIDAS

- Mateo 28:19–20
- Hechos 2:42–47
- Isaías 43:7
- Efesios 4:11–13

- Hebreos 12:2
- Marcos 10:45

* * *

REFLEXIÓN GUIADA

1. ¿En cuál de los cinco propósitos estás más fuerte?
2. ¿En cuál estás más débil?
3. ¿Qué parte de tu vida requiere equilibrio espiritual?
4. ¿Tu servicio actual refleja tu diseño o tus obligaciones?
5. ¿Qué área Dios te está pidiendo reactivar?

* * *

EJERCICIOS PRÁCTICOS

Ejercicio 1 – Mapa de Propósitos

Dibuja un círculo dividido en cinco secciones:

adoración, comunión, discipulado, servicio y evangelismo.

Califica del 1 al 10 tu nivel actual en cada área.

Observa dónde hay desequilibrio.

Ejercicio 2 – Un Paso por Propósito

Escribe un paso práctico para mejorar cada propósito esta semana.

Ejemplos:

- Adoración: 10 min extra de oración
- Comunión: llamar a un hermano en la fe
- Discipulado: leer un capítulo de un libro espiritual
- Servicio: ayudar en una tarea del ministerio
- Evangelismo: compartir un versículo con alguien

* * *

Ejercicio 3 – Plan de Propósito

Escribe una visión simple para los próximos 90 días:

¿Qué quieres fortalecer en tu vida espiritual y ministerial?

Organízala en:

- metas
- pasos
- tiempos
- recursos
- oración

PARTE TRES
EL VIAJE HACIA UN LIDERAZGO CON SIGNIFICADO
(EL DESAFÍO)

CAPÍTULO SIETE

LA DISCIPLINA DEL DESIERTO

EL DESIERTO NO VIENE A DESTRUIRTE, SINO A DEFINIRTE

NADIE QUIERE ATRAVESAR UN DESIERTO.

Pero ningún líder puede ser formado sin pasarlo.

El desierto es la universidad de Dios.

Es el taller secreto donde Él pule carácter, limpia motivaciones, prueba intenciones y fortalece identidad.

El desierto no es un castigo: es una plataforma de transformación.

Dios nunca envía un líder sin primero procesarlo.

Porque el propósito necesita un corazón maduro para sostenerlo.

El desierto no es el fin del propósito;

es la preparación del propósito.

* * *

1. EL DESIERTO EXPONE EL CORAZÓN

En el desierto no tienes distracciones,

no tienes público,

no tienes plataforma,

no tienes aplausos,

no tienes reconocimiento.

En el desierto solo tienes dos cosas:

Dios... y tú.

Allí se revela:

- quién eres cuando nadie te mira
- dónde está tu seguridad
- qué tanto dependes de Dios
- si tu fe está anclada o emocional

- si tu identidad está afirmada
- si tus motivaciones son puras
- si tu propósito es genuino

El desierto desnuda el alma, no para avergonzarla, sino para sanar.

* * *

2. DAVID: EL LÍDER FORMADO FUERA DEL TRONO

David fue ungido como rey mucho antes de sentarse en el trono.

Entre la unción y la coronación hay un espacio...

y ese espacio se llama desierto.

Perseguido por Saúl, incomprendido por su familia, rodeado de hombres endeudados y afligidos, David aprendió en cuevas lo que nunca hubiera aprendido en palacios:

- a depender de Dios
- a escuchar Su voz en silencio
- a ser fiel aún sin recompensa
- a amar aun bajo traición

- a obedecer aun sin entender
- a esperar sin apresurarse

El trono se recibe en público,

pero el carácter se forma en privado.

* * *

3. RAZONES POR LAS QUE DIOS PERMITE DESIERTOS

1. Para purificar tus motivaciones

El desierto le quita a tu alma lo que no es eterno.

2. Para romper la autosuficiencia

Aprendes que sin Él, nada puedes hacer.

3. Para aumentar tu sensibilidad espiritual

En el silencio se escucha más Su voz.

4. Para fortalecer tu carácter

Paciencia, humildad, obediencia y resistencia nacen allí.

5. Para preparar tu corazón para una asignación mayor

Lo que viene demanda una versión más madura de ti.

6. Para dejar morir lo que no puede entrar a tu próximo nivel

Ego, orgullo, heridas, temores… el desierto los entierra.

Dios no te lleva al desierto para matarte,

sino para que muera lo que te impediría cumplir tu propósito.

4. SEÑALES DE QUE ESTÁS EN UN DESIERTO ESPIRITUAL

- No ves avance, aunque estás obedeciendo
- No escuchas a Dios como antes
- Lo que antes era fácil ahora parece difícil
- Te sientes solo o incomprendido
- Dios corta relaciones o conexiones
- No tienes claridad de dirección
- El corazón se siente probado

- Todo parece silencio… pero el espíritu sabe que no es abandono

El desierto no es ausencia de Dios;

es entrenamiento personalizado.

* * *

5. CÓMO RESPONDER CORRECTAMENTE AL DESIERTO

1. No corras

Lo que huyes ahora tendrás que enfrentar después.

2. No te quejes

La queja prolonga el proceso; la obediencia lo acelera.

3. No compares tu proceso

Cada desierto tiene un diseño único.

4. No tomes decisiones apresuradas

El desierto es territorio peligroso para decisiones emocionales.

5. Abraza la formación

No todo lo duro es malo; no todo lo fácil es bueno.

6. Permite que Dios te hable en el silencio

Hay palabras que solo se escuchan cuando se calla el mundo.

Cuando aprendes a honrar el proceso,

el desierto se convierte en plataforma.

* * *

FRASE

"El desierto no viene a destruirte, sino a revelar la fuerza que siempre estuvo dentro de ti."

* * *

CITAS BÍBLICAS SUGERIDAS

- Deuteronomio 8:2–5 – Dios te probó para revelar tu corazón.
- 1 Samuel 22 – David en la cueva de Adulam.
- Salmo 63:1 – David clamando desde el desierto.
- Isaías 43:19 – Camino en el desierto.
- Santiago 1:2–4 – La prueba produce paciencia.

* * *

REFLEXIÓN GUIADA

1. ¿Qué parte de tu corazón Dios está revelando en este tiempo?
2. ¿Estás resistiendo el proceso o abrazándolo?
3. ¿Qué crees que Dios quiere formar en ti antes de llevarte al próximo nivel?
4. ¿Tu actitud actual acorta o prolonga tu desierto?

Escribe estas reflexiones y míralas con sinceridad.

La verdad te llevará a la libertad.

* * *

EJERCICIOS PRÁCTICOS

Ejercicio 1 — Carta desde la Cueva

Escribe una carta como si estuvieras en la cueva con David.

Describe:

- tus luchas
- tus temores
- lo que Dios te está mostrando
- lo que sientes que está muriendo
- lo que sientes que está naciendo

* * *

Ejercicio 2 — Lista de Formación

Identifica 3 áreas donde Dios te está formando en este proceso:

Ejemplo:

- paciencia
- dependencia
- humildad
- valentía
- sanidad interior

- visión
- carácter

Escribe cómo lo ves manifestándose.

* * *

Ejercicio 3 — Ayuno de Queja y Rendición

Durante 7 días:

- no te quejes
- no compares tu proceso
- no critiques tu temporada
- no presiones a Dios

En su lugar de diariamente:

"Señor, formarme es más importante que apurarme."

CAPÍTULO OCHO

LEVANTANDO OTROS PROFETAS

EL PROPÓSITO DE UN LÍDER NO ES BRILLAR SOLO, SINO MULTIPLICAR SU IMPACTO

Un líder con propósito entiende una verdad que transforma su forma de vivir y servir:

El liderazgo no termina en uno, sino que comienza en uno.

El verdadero éxito de un líder no se mide por cuántas personas lo siguen,

sino por cuántas personas se levantan a su lado y después de él.

El líder sin propósito acumula tareas.

El líder con propósito forma personas.

El líder inseguro crea dependientes.

El líder maduro crea sucesores.

Tu asignación no es solo dirigir, sino reproducir.

La marca de un liderazgo eterno es cuántos "otros tú" se levantan a seguir el propósito de Dios.

1. EL LIDERAZGO DEL REINO: MULTIPLICACIÓN, NO CENTRALIZACIÓN

En el Reino, el liderazgo no es pirámide, es herencia.

Y la herencia se entrega, no se retiene.

Jesús mismo no concentró el poder; lo distribuyó.

Él:

- formó
- enseñó
- corrigió
- impartió
- envió
- activó
- delegó

Jesús no solo tuvo discípulos; formó líderes.

Su ministerio duró tres años...

pero su legado continúa miles de años después

porque se multiplicó en doce hombres que luego se multiplicaron en miles.

El líder que no forma otros líderes está viviendo por debajo de su propósito.

* * *

2. EL MODELO PERFECTO DE JESÚS: LLAMAR, FORMAR Y ENVIAR

Cada líder debería replicar el patrón que Jesús usó:

1. Llamó

Él los vio antes de que ellos se vieran.

Él creyó en ellos antes de que ellos creyeran en Él.

2. Formó

Jesús enseñaba con palabras, ejemplos, correcciones, conversaciones y experiencias.

3. Activó

Los envió a predicar, sanar y liberar aun antes de que se sintieran listos.

4. Delegó

Les entregó responsabilidad real.

Confiaba sus asignaciones a personas imperfectas, pero enseñables.

5. Soltó

Nunca los retuvo por necesidad emocional.

Los soltó para que crecieran.

Jesús no formó seguidores; formó sucesores.

* * *

3. PABLO: EL LÍDER QUE CONSTRUYÓ LÍDERES

Pablo no solo fundó iglesias;

fundó líderes.

En Timoteo encontró un hijo.

En Tito encontró un administrador.

En Filemón encontró un restaurador.

En Priscila y Aquila encontró colaboradores.

Él entendió que la visión avanza más rápido cuando hay más manos, más voces y más corazones alineados.

Por eso dijo:

"Lo que has oído de mí...

esto encarga a hombres fieles que sean idóneos para enseñar también a otros."

— 2 Timoteo 2:2

Ese versículo es el ADN de un liderazgo saludable.

Es una cadena espiritual que nunca debe romperse.

* * *

4. LOS OBSTÁCULOS INTERNOS QUE IMPIDEN FORMAR A OTROS

Muchos líderes no forman sucesores por razones que no siempre son espirituales, sino emocionales:

1. Inseguridad

Temen que alguien los supere.

Pero un líder maduro se alegra cuando su discípulo llega más alto.

2. Control

Creen que solo ellos "lo hacen bien".

Pero el control asfixia la multiplicación.

3. Falta de visión

Cuando la visión es pequeña, el líder intenta hacer todo solo.

4. Ego espiritual

Prefieren ser necesarios en todo, en lugar de ser útiles en algo.

5. Dolor de experiencias pasadas

Fueron traicionados, abandonados o heridos y ahora no confían.

Estos obstáculos deben ser sanados para que el propósito se expanda.

* * *

5. EL PROPÓSITO DE UN LÍDER: REPRODUCIRSE EN OTROS

Un líder con propósito no dice:

"Yo soy indispensable."

Dice:

"Estoy formando a los que vienen."

Tu liderazgo no termina donde tú llegas,

termina donde llegarán los que tú levantaste.

Tu éxito no está en tu nombre,

está en tu legado.

* * *

6. CÓMO LEVANTAR OTROS PROFETAS EN TU VIDA Y MINISTERIO

Aquí tienes principios prácticos del Reino:

1. Identifica a tus Timoteos

Personas con:

- hambre
- fidelidad
- disposición
- carácter enseñable

El talento NO es la prioridad; la fidelidad sí.

* * *

2. Hazles espacio, no sombra

Dales oportunidad, púlpito, responsabilidad, tareas, terreno.

3. Enséñales con transparencia

Muéstrales tus aciertos...

pero también tus errores.

Los discípulos crecen con tu humanidad, no solo con tu grandeza.

4. Déjalos fallar

El error forma más que la perfección.

Supervisar no es controlar.

5. Impárteles visión, no solo instrucciones

Que entiendan el por qué, no solo el qué.

6. Envíalos

No los retengas.

La multiplicación ocurre cuando los sueltas.

Un líder que no suelta, asfixia.

Un líder que suelta, expande.

* * *

FRASE

"Un líder sin sucesores es un líder sin legado."

* * *

CITAS BÍBLICAS SUGERIDAS

- Marcos 3:14 – Llamó a doce para enviarlos.
- 2 Timoteo 2:2 – Enseñar a hombres fieles que enseñen a otros.
- Juan 17 – Jesús presenta a sus discípulos como su obra.
- Números 27:18 – Moisés delega sobre Josué.

* * *

REFLEXIÓN GUIADA

1. ¿Estoy formando líderes o acumulando responsabilidades?
2. ¿A quién estoy levantando hoy que llevará la visión mañana?
3. ¿Hay áreas donde mi inseguridad impide que otros crezcan?
4. ¿Estoy dispuesto(a) a ser olvidado, si eso significa que la obra de Dios avanza?

* * *

EJERCICIOS PRÁCTICOS

Ejercicio 1 — Tu Lista de Timoteos

Escribe los nombres de 3 a 5 personas que Dios ha puesto en tu vida para formarlas.

Ejercicio 2 — Delegación con Propósito

Entrega esta semana una responsabilidad real a una de estas personas, con guía y seguimiento.

Ejercicio 3 — Impartición Específica

Ora por cada uno y escribe qué área necesitas impartirles:

- fe
- carácter
- visión
- responsabilidad
- liderazgo
- servicio
- integridad
- oración

Esto te revelará cómo construir tu legado.

CAPÍTULO NUEVE

EL LEGADO DE LA VISIÓN CUMPLIDA

EL LEGADO NO ES LO QUE DEJAS, SINO A QUIÉN DEJAS

TODO LÍDER LLEGA a un punto donde entiende que el propósito no se trata solo de hoy...

sino de mañana.

No se trata de lo que logra, sino de lo que deja.

No se trata de cuán lejos llega, sino de cuán lejos llegarán aquellos que caminaron bajo su liderazgo.

El legado no es un final:

es la continuación de una visión que Dios comenzó contigo, pero que no termina en ti.

El legado nace cuando la visión deja de ser algo que haces y se convierte en algo que otros pueden continuar.

* * *

1. EL LIDERAZGO QUE TRASCIENDE TEMPORADAS

El tiempo apaga nombres, pero nunca apaga propósito.

Las plataformas pasan, los títulos cambian, las posiciones se transforman...

pero el legado permanece.

Un líder con propósito no trabaja para la fama, sino para la trascendencia.

No busca reconocimiento, busca continuidad.

No construye para sí, sino para la generación que viene.

Los líderes que dejan huella son aquellos que vivieron con una visión más grande que su propia vida.

* * *

2. JOSUÉ: EL LÍDER QUE CUMPLIÓ VISIÓN PRESTADA PERO LEGÍTIMA

Josué no recibió una visión nueva.

Él completó la visión que Dios le dio inicialmente a Moisés.

Su éxito fue obedecer hasta el final una visión que no comenzó con él.

Esto nos enseña una verdad poderosa:

El legado no siempre es crear algo nuevo;

a veces es terminar lo que otros comenzaron.

Un líder maduro sabe:

- honrar el pasado
- completar procesos
- expandir territorios
- continuar asignaciones que Dios no ha terminado

No necesitas ser el primero para ser parte del propósito,

pero sí necesitas ser fiel para cumplir tu parte.

Josué heredó una visión, y luego dejó una.

Eso es legado.

* * *

3. EL LEGADO COMIENZA EN CASA

Antes de dejar un legado en la iglesia, en el ministerio o en la comunidad...

primero se deja en el hogar.

Tu familia es la primera generación que recibe tu propósito.

Josué lo entendió:

"Yo y mi casa serviremos a Jehová."

— Josué 24:15

Un líder puede influir multitudes, pero si su hogar no lleva la visión, la herencia queda incompleta.

Pregúntate:

- ¿Qué está recibiendo tu casa de tu liderazgo?
- ¿Qué principios estás sembrando en tus hijos?
- ¿Qué modelo de fe estás dejando?
- ¿Qué atmósfera espiritual cargas en tu hogar?

. . .

El legado comienza con los que conocen tu voz... y tu carácter.

* * *

4. EL LEGADO ESPIRITUAL: PERSONAS TRANSFORMADAS POR TU PROPÓSITO

Tu verdadero legado no serán:

- edificios
- posiciones
- plataformas
- aplausos
- seguidores
- fotos
- eventos

* * *

Tu verdadero legado serán personas:

- vidas restauradas
- líderes levantados

- familias fortalecidas
- discípulos desarrollados
- jóvenes afirmados
- ministerios impulsados

El cielo no registra agendas; registra almas.

Tu legado se mide en personas, no en números.

* * *

5. EL LEGADO DEL CARÁCTER: LO QUE TU VIDA ENSEÑA SIN HABLAR

Los líderes dejan enseñanzas con su voz,

pero dejan legado con su vida.

El carácter que cultivaste se convertirá en:

- guía para otros
- ejemplo para generaciones
- voz aun después de tu ausencia
- semilla que produce fruto por décadas

Lo que eres habla más fuerte que lo que haces.

Un legado verdadero se escribe con integridad, no con agendas.

* * *

6. EL LEGADO PROFÉTICO: QUE OTROS CONTINÚEN LO QUE DIOS EMPEZÓ CONTIGO

El propósito que Dios pone en un líder nunca muere con él.

Dios es un Dios generacional:

- Abraham
- Isaac
- Jacob

Líneas.

Herencia.

Propósito que fluye.

Tú no eres un evento; eres una generación.

Y tu llamado toca generaciones que aún no han nacido.

Tu legado profético es esa visión que continúan:

- tus hijos
- tus discípulos
- tu iglesia
- tus líderes
- tu comunidad
- tu sangre espiritual

Lo que Dios hace contigo no termina contigo.

* * *

FRASE

"El legado no se mide por tu nombre, sino por la vida de aquellos que caminarán gracias a tu obediencia."

* * *

CITAS BÍBLICAS SUGERIDAS

- Josué 24:15 — Yo y mi casa serviremos a Jehová.
- Salmo 112:1–2 — Su descendencia será poderosa.
- Hebreos 12:1–2 — Estamos rodeados de testigos.
- 2 Reyes 2 — Elías y Eliseo: legado espiritual.
- Proverbios 13:22 — El justo deja herencia a sus hijos.

* * *

REFLEXIÓN GUIADA

1. ¿Qué legado estás dejando actualmente sin darte cuenta?

2. ¿Qué parte de tu vida quieres que otros imiten... y cuál no?

3. ¿Quiénes continuarán la visión que Dios depositó en ti?

4. Si hoy terminara tu temporada, ¿qué quedaría sembrado en la vida de otros?

5. ¿Tu legado descansa más en obras... o en vidas?

* * *

EJERCICIOS PRÁCTICOS

Ejercicio 1 — Manifiesto de Legado

Escribe un párrafo comenzando con:

"Mi legado será..."

Incluye valores, propósitos, personas, y la huella que deseas dejar.

Ejercicio 2 — Acción de Trascendencia

Realiza una acción concreta esta semana que impacte la vida de alguien que no pueda devolverte nada.

Ejemplos:

- mentoría
- oración profunda por alguien
- sembrar en alguien
- apoyar un proyecto ministerial
- una conversación transformadora

Ejercicio 3 — Carta para la Próxima Generación

Escribe una carta para alguien que todavía no está caminando contigo, pero que un día heredará tu propósito.

Puede ser:

- tu hijo
- tu futuro discípulo
- un líder por venir
- tu iglesia después de ti

Esto sellará tu corazón como líder generacional.

CONCLUSIÓN — UN LLAMADO A DESPERTAR

DEL LÍDER SIN PROPÓSITO... AL LÍDER ALINEADO CON LA VISIÓN DE DIOS

HAS RECORRIDO un viaje profundo a través de estas páginas.

No un viaje teórico ni intelectual, sino uno espiritual, interno y transformador.

Este no es simplemente el final del libro; es el principio de una nueva temporada de tu vida.

Has visto el corazón del liderazgo sin propósito:

sus sombras, sus luchas, sus trampas, sus cegueras, sus heridas, sus cargas y sus silencios.

También has visto el poder del liderazgo con propósito:

su claridad, su identidad, su visión, su carácter, su enfoque, su legado, su multiplicación.

Y ahora, al llegar a esta conclusión, quiero declararte algo profético:

Dios no te trajo hasta aquí para informarte, sino para transformarte.

No te habló para emocionar tu mente, sino para despertar tu espíritu.

Este libro fue un instrumento; el cambio será Su obra en ti.

Este es un llamado.

Un llamado a levantarte.

A caminar en visión.

A reclamar tu identidad.

A vivir desde tu diseño.

A liderar con intención.

A restaurar lo que se había dormido.

A reposicionar lo que se había desordenado.

A avivar lo que se había apagado.

A abrazar el propósito que siempre estuvo dentro de ti.

El liderazgo sin propósito termina hoy.

El liderazgo alineado comienza ahora.

* * *

1. ESTE LIBRO TE LLAMÓ A VER

Verte a ti mismo con sinceridad.

Ver tus heridas.

Ver tus fortalezas.

Ver tus distracciones.

Ver tus dones.

Ver lo que necesitas soltar.

Ver lo que Dios quiere despertar.

Porque donde hay visión, hay futuro.

Y donde hay propósito, hay fuerza.

2. ESTE LIBRO TE LLAMÓ A SER

Antes de liderar, Dios te llamó a ser hijo.

Antes de dirigir, Dios te llamó a escuchar.

Antes de avanzar, Dios te llamó a alinearte.

Tu identidad no nace del púlpito, sino de Su presencia.

No depende del aplauso, sino de Su aprobación.

Tu mayor ministerio es tu comunión con Dios.

Todo lo demás es extensión de ello.

3. ESTE LIBRO TE LLAMÓ A CONSTRUIR

No fuiste diseñado para caminar solo.

No fuiste llamado para cargar todo.

No fuiste escogido para ser indispensable.

Fuiste llamado para multiplicarte.

Para levantar discípulos.

Para fortalecer tu casa.

Para sembrar en generaciones.

Para dejar legado, no solo recuerdos.

Tu vida es semilla.

Y tu propósito es suelo fértil para muchos.

4. ESTE LIBRO TE LLAMÓ A CUMPLIR LA VISIÓN

La visión no se trata de lo que puedes lograr.

Se trata de lo que Dios quiere hacer a través de ti.

Tu obediencia activa Su propósito.

Tu identidad sostiene tu asignación.

Tu carácter mantiene tu liderazgo.

Tu legado continúa Su obra más allá de tu tiempo.

La visión de Dios para ti no ha muerto.

Solo necesitaba ser despertada.

* * *

DECLARACIÓN FINAL SOBRE TU VIDA

Declaro sobre ti:

Que la visión regresa.

Que la identidad se afirma.

Que la fuerza se renueva.

Que la voz de Dios se intensifica.

Que el propósito se enciende.

Que el desánimo se rompe.

Que la confusión se aclara.

Que el liderazgo se purifica.

Que tu legado comienza hoy.

No eres un accidente.

No eres un reemplazo.

No eres un "uno más".

No eres un líder perdido.

Eres un líder con propósito.

Eres un líder con visión.

Eres un líder con destino.

Eres un líder escogido por Dios.

Y esto... apenas comienza.

PLAN DE ACCIÓN DE 30 DÍAS

ACTIVANDO UN LIDERAZGO CON PROPÓSITO

Este plan no es una rutina.

Es un proceso de realineamiento espiritual diseñado para:

- Restaurar tu identidad
- Alinear tu visión
- Sanar tu alma
- Activar tu propósito
- Fortalecer tu carácter
- Avivar tu vida espiritual
- Ordenar tus prioridadesç
- Reposicionar tu liderazgo

Cada día contiene un enfoque, un versículo, una acción práctica, una oración corta y una declaración profética.

* * *

SEMANA 1 — IDENTIDAD: VOLVER A SER ANTES DE HACER

Días 1–7

* * *

Día 1 — Soy Hijo(a), No Empleado(a)

Versículo: Juan 1:12

Acción: Escribe quién eres en Cristo en 10 afirmaciones.

Oración: *"Señor, restáurame como hijo(a)."*

Declaración: Mi identidad está afirmada en Dios.

* * *

Día 2 — Desapego del Rendimiento

Versículo: Mateo 11:28

Acción: Haz una pausa de 15 minutos en silencio.

Oración: *"Desató de mí el peso de la autoexigencia."*

Declaración: No trabajo para ser aprobado; ya lo soy.

* * *

Día 3 — Rompiendo Comparaciones

Versículo: Gálatas 6:4

Acción: Escribe tres áreas donde te comprabas y entrégalas a Dios.

Oración: *"Quita la comparación de mi corazón."*

Declaración: Soy original porque Dios me hizo único.

* * *

Día 4 — Venciendo el Temor a Fallar

Versículo: Isaías 41:10

Acción: Escribe tres temores y reemplazalos con verdades bíblicas.

Oración: *"Fortalece mis manos temblorosas."*

Declaración: Soy valiente y capacitado por Dios.

* * *

Día 5 — Restaurando la Autoimagen

Versículo: Salmos 139:14

Acción: Haz una lista de 5 dones y agradece por ellos.

Oración: *"Gracias por lo que depositaste en mí."*

Declaración: Fui diseñado con propósito exacto.

* * *

Día 6 — Curando la Voz Interna

Versículo: Romanos 12:2

Acción: Identifica una mentira interna y cámbiala por una verdad espiritual.

Oración: *"Renueva mi mente."*

Declaración: Oigo la voz de Dios por encima de todas.

* * *

Día 7 — Descanso como Identidad

Versículo: Éxodo 33:14

Acción: Toma una hora para descansar conscientemente.

Oración: *"Tu presencia me da descanso."*

Declaración: Mi alma se alinea en Su paz.

* * *

SEMANA 2 — VISIÓN: ESCUCHAR Y RECIBIR DE DIOS

Días 8–14

* * *

Día 8 — Escuchar la Voz de Dios

Versículo: 1 Samuel 3:10

Acción: 10 minutos de silencio absoluto.

Oración: *"Habla, Señor."*

Declaración: Tengo oídos espirituales despiertos.

* * *

Día 9 — Escribir la Visión

Versículo: Habacuc 2:2

Acción: Comienza un cuaderno de visión y registra impresiones.

Oración: *"Activa mis ojos espirituales."*

Declaración: La visión de Dios se escribe en mi corazón.

* * *

Día 10 — Discerniendo Entre Ideas y Visión

Versículo: Proverbios 19:21

Acción: Divide tus proyectos en: "Míos" y "De Dios".

Oración: *"Llévame hacia tu plan perfecto."*

Declaración: Camino según la dirección divina.

* * *

Día 11 — Sensibilidad al Espíritu Santo

Versículo: Juan 16:13

Acción: Cancela ruido por 3 horas hoy (redes, TV).

Oración: *"Espíritu Santo, guíame."*

Declaración: Soy guiado por el Espíritu, no por emociones.

* * *

Día 12 — Reconociendo Interferencias

Versículo: Salmos 119:105

Acción: Identifica 3 distracciones y reduce una hoy.

Oración: *"Limpia mi enfoque."*

Declaración: Nada nublará mi visión.

* * *

Día 13 — Alineación de Prioridades

Versículo: Mateo 6:33

Acción: Ordena tu agenda según prioridades eternas.

Oración: *"Sé Tú mi prioridad."*

Declaración: Busco primero su Reino.

* * *

Día 14 — Confirmación de Visión

Versículo: Jeremías 33:3

Acción: Escribe lo que Dios te mostró esta semana.

Oración: *"Muéstrame lo que viene."*

Declaración: Dios me da una revelación fresca.

* * *

SEMANA 3 — CARÁCTER: PROCESO, DESIERTO Y FORMACIÓN

Días 15–21

* * *

Día 15 — Aceptar el Proceso

Versículo: Santiago 1:2–4

Acción: Escribe qué estás resistiendo del proceso.

Oración: *"Dame madurez espiritual."*

Declaración: Estoy siendo formado, no destruido.

* * *

Día 16 — Desierto Sin Queja

Versículo: Filipenses 2:14

Acción: Evita quejas por 24 horas.

Oración: *"Purifica mis palabras."*

Declaración: Mi corazón se alinea mientras espero.

* * *

Día 17 — Sanidad de Heridas

Versículo: Salmo 34:18

Acción: Identifica una herida pendiente y preséntala.

Oración: *"Sana mi alma."*

Declaración: Mis cicatrices ahora tienen propósito.

* * *

Día 18 — Romper Ego y Control

Versículo: Mateo 16:24

Acción: Suelta una tarea que no necesitas controlar.

Oración: *"Hazme humilde."*

Declaración: No controlo nada; confío en Todo.

* * *

Día 19 — Restauración de Fortaleza Interior

Versículo: Isaías 40:31

Acción: 30 minutos caminando y orando.

Oración: *"Renueva mis fuerzas."*

Declaración: Camino y no me canso.

* * *

Día 20 — Perseverar Bajo Presión

Versículo: Romanos 5:3–4

Acción: Identifica el propósito detrás de tu proceso actual.

Oración: *"Hazme resistente en fe."*

Declaración: Mi carácter sostiene mi llamado.

* * *

Día 21 — Celebrar el Proceso

Versículo: 1 Tesalonicenses 5:18

Acción: Agradece por 10 cosas de esta temporada.

Oración: *"Gracias en todo."*

Declaración: Me fortalezco en gratitud.

* * *

SEMANA 4 — PROPÓSITO, ACCIÓN Y LEGADO

Días 22–30

* * *

Día 22 — Activando tu Propósito

Versículo: Efesios 2:10

Acción: Escribe tu propósito central en una frase.

Oración: *"Activa lo que pusiste en mí."*

Declaración: Fui creado para buenas obras.

* * *

Día 23 — Multiplicando tu Propósito

Versículo: 2 Timoteo 2:2

Acción: Llama o escribe a alguien que estás formando.

Oración: *"Ayúdame a multiplicarme."*

Declaración: Mi propósito levanta a otros.

* * *

Día 24 — Refinar tu Visión

Versículo: Proverbios 4:25

Acción: Ajusta tu visión a 90 días.

Oración: *"Alinea mis pasos."*

Declaración: Mi mirada está fija en lo eterno.

* * *

Día 25 — Acción con Propósito

Versículo: Santiago 1:22

Acción: Ejecuta una acción concreta de tu visión.

Oración: *"Hazme hacedor."*

Declaración: Obedezco sin retraso.

* * *

Día 26 — Influencia con Integridad

Versículo: Proverbios 10:9

Acción: Evalúa tu carácter en 3 áreas.

Oración: *"Hazme íntegro."*

Declaración: Mi vida habla más fuerte que mis palabras.

* * *

Día 27 — Servir con Intención

Versículo: Marcos 10:45

Acción: Sirve intencionalmente a alguien hoy.

Oración: *"Hazme siervo."*

Declaración: Mi servicio revela a Cristo.

* * *

Día 28 — Evangelismo Natural

Versículo: Hechos 1:8

Acción: Comparte tu fe con una persona.

Oración: *"Dame valor."*

Declaración: Soy testigo del Reino.

* * *

Día 29 — Legado Generacional

Versículo: Salmo 112:2

Acción: Ora por tu familia y escribe un legado para ellos.

Oración: *"Bendice mi descendencia."*

Declaración: Mi legado es eterno.

* * *

Día 30 — Enviar tu Visión al Futuro

Versículo: Hebreos 12:1

Acción: Escribe una carta a tu "yo futuro" o a tus discípulos.

Oración: *"Sella mi propósito."*

Declaración: Mi visión seguirá después de mí.

* * *

CIERRE DEL PLAN DE ACCIÓN

Felicitaciones.

Has completado 30 días de realineamiento, transformación y claridad.

Declaro sobre ti:

Este es el comienzo de tu liderazgo con propósito.

Tu visión se activó.

Tu llamado se afirmó.

Tu legado comenzó.

AGRADECIMIENTOS

CON TODO MI CORAZÓN... GRACIAS

A Dios, mi Padre, mi guía y mi fuente inagotable de propósito:

Gracias por hablarme en silencio, por corregirme con amor, por sostenerme en cada desierto y por depositar en mi espíritu una visión que no merecía, pero que abrazó mi vida por completo.

Este libro es Tuyo, y a Ti sea toda la gloria.

A mi familia, mi mayor ministerio y mi mayor inspiración:

Gracias por caminar conmigo en temporadas de abundancia y en temporadas de lucha.

Gracias por sostener mis manos cuando mis fuerzas flaquearon y por celebrar conmigo cada victoria.

Ustedes son mi legado, mi motivación y mi regalo más preciado de Dios.

A mi esposo, compañero fiel, amigo leal y apoyo inquebrantable:

Gracias por creer en mí cuando yo misma dudé.

Por escuchar mis inquietudes, por animarme a seguir y por recordarme quién soy en Dios aun en mis batallas más silenciosas.

Tu amor, tu paciencia y tu firmeza son un testimonio de Cristo en mi vida.

A mis hijos, quienes son mi corona y mi impulso:

Gracias por amar el ministerio conmigo y caminar esta ruta de fe con valentía.

Ustedes son la razón por la cual sigo construyendo un legado que trascienda generaciones.

A Iglesia El Legado, mi casa espiritual, mi familia extendida y el suelo fértil donde Dios me ha permitido sembrar:

Gracias por ser parte de cada visión que Dios nos entrega.

Gracias por su fidelidad, sus oraciones, su apoyo incondicional y su deseo genuino de crecer.

Cada uno de ustedes es una pieza irremplazable en este propósito.

A todos los líderes, pastores, ministros, servidores y colaboradores que han caminado conmigo:

Gracias por permitirme ser parte de sus procesos, de sus victorias y de sus luchas.

Este libro nace también de sus historias, de sus lágrimas, de sus preguntas, de sus llamados y de su entrega.

Ustedes han sido mis maestros y mis compañeros de camino.

A cada lector que sostiene este libro entre sus manos:

Gracias por abrir tu corazón a estas palabras.

Gracias por permitir que Dios te hable, te confirme, te confronte y te despierte.

Mi oración es que estas páginas sean un instrumento transformador en tu vida, como lo fueron en la mía al escribirlas.

Y finalmente...

A quienes creyeron en mí cuando todavía nadie conocía mi voz:

Gracias por sembrar, por afirmar, por apoyar, por declarar y por ver en mí lo que yo misma no veía.

Su fe en mí ha sido parte de mi proceso y de mi crecimiento.

A todos ustedes... gracias.

Con amor, honra y profunda gratitud.

María Isabel Rodríguez

RESUMEN FINAL

TU LLAMADO NO TERMINA AQUÍ

Este libro comenzó con una realidad:

muchos líderes viven sin propósito.

Pero no termina de esa manera.

A través de estas páginas descubriste que:

- El liderazgo sin visión produce desgaste.
- La identidad es el fundamento del propósito.
- La visión se recibe de Dios, no se fabrica.
- El desierto forma lo que la plataforma no puede.
- El carácter sostiene lo que la unción inicia.
- Multiplicar es más importante que brillar.
- El legado es más profundo que la fama.

Y sobre todo, que Dios nunca dejó de hablarte... solo estabas aprendiendo a escuchar otra vez.

Este libro fue una guía, un espejo y una herramienta.

Pero ahora el liderazgo que Dios puso dentro de ti comienza una nueva etapa.

No regreses al cansancio.

No vuelvas a liderar desde la presión.

No te acomodes a la ocupación sin visión.

Camina desde tu identidad.

Dirige desde el Espíritu.

Discierne desde la Palabra.

Sirve desde el amor.

Multiplica desde el propósito.

Y deja un legado que hable incluso cuando tú ya no estés.

Este es tu momento.

Este es tu llamado.

Este es tu propósito.

Este es tu despertar.

María Isabel Rodríguez

SOBRE LA AUTORA

María Isabel Rodríguez es pastora, escritora y mentora de líderes, apasionada por ayudar a hombres y mujeres a descubrir su identidad en Dios y a caminar con propósito, claridad y dirección espiritual.

Su llamado ministerial nace de una profunda experiencia personal con Dios y de años de servicio pastoral, acompañando procesos de sanidad, restauración, formación y liderazgo. A través de su vida y su ministerio, ha aprendido que el liderazgo verdadero no se sostiene en títulos, plataformas o agendas llenas, sino en una relación viva con Dios y en una identidad bien afirmada.

Es fundadora y pastora de **Iglesia El Legado**, donde ha dedicado su vida a formar discípulos, levantar líderes con carácter y sembrar una visión generacional basada en la Palabra, el amor y la obediencia al Espíritu Santo. Su ministerio se caracteriza por un enfoque práctico, sensible y profundo, que conecta la verdad bíblica con la realidad diaria de las personas.

Como autora, María Isabel escribe desde la experiencia, la revelación y el proceso. Sus libros no buscan impresionar, sino **despertar**; no buscan solo enseñar, sino **transformar**. Cada página nace del deseo de ver líderes sanos, alineados y conscientes del propósito para el cual fueron creados.

Cree firmemente que ningún llamado está perdido, que ninguna temporada es inútil y que Dios sigue formando líderes aun en los silencios, los desiertos y las pausas. Su mensaje central es claro: **cuando el líder sana su interior y se alinea con Dios, el propósito vuelve a tomar forma.**

María Isabel Rodríguez reside en los Estados Unidos junto a su familia, a quienes considera su primer ministerio y su mayor legado. Continúa sirviendo, escribiendo y formando líderes con la convicción de que Dios sigue levantando una generación con visión, identidad y propósito eterno.

LIBROS ESCRITOS POR LA AUTORA — MARÍA ISABEL RODRÍGUEZ

La Pastora María Isabel Rodríguez ha cultivado una obra literaria enfocada en el crecimiento espiritual, la formación de líderes, la restauración emocional y el propósito divino. Cada libro nace de un corazón dispuesto a ver vidas transformadas y líderes fortalecidos.

* * *

LIBROS EN ESPAÑOL

365 Dias de Oracion

Palabras que transforman cada Temporada

Hoy Soy Más Fuerte Que Ayer

Reflexiones de fortaleza y victoria para tiempos de prueba.

Rendirse No Es Opción

Motivación espiritual para perseverar con fe en medio de dificultad.

Que el Mundo Oiga

Un llamado profético a levantar una generación que proclame la verdad.

Impredecible:De Gallina a Águila

◈ *Transformación espiritual: del miedo a la fe, de la rutina al propósito.*

Caminar Juntos: Aun sin estar de Acuerdo

◈ *Un matrimonio no se construye sin dirección, se construye sobre la roca que es Dios.*

Plenitud

◈ *Llenura del Espíritu, restauración del alma y vida abundante en Cristo.*

Una Familia, Un Legado

◈ *Principios para consolidar una familia centrada en Dios y con propósito eterno.*

Me Cansé de Existir

◈ *Un viaje del desánimo a la vida plena, conectando identidad con destino.*

Determinadas: Mujeres con Proposito

* * *

LIBROS EN INGLÉS

Beyond Yesterday's Strength

◈ *Reflections on spiritual resilience and growth.*

Giving Up Is Not an Option

A daily encouragement manual for leaders, believers and warriors of faith.

Unpredictable: From Chicken to Eagle

* * *

Libros en desarrollo / Próximamente

La autora continúa trabajando en nuevas obras que abordarán temas de:

- liderazgo familiar
- discipulado práctico
- entrenamiento espiritual
- identidad y propósito vocacional
- crecimiento ministerial
- revelación profética para tiempos actuales

* * *

POR QUÉ LEER ESTOS LIBROS

Cada obra de la Pastora María Isabel Rodríguez:

- Está basada en la Biblia y en experiencias de vida real
- Ofrece reflexión profunda y aplicación práctica
- Inspira transformación espiritual continua

- Está pensada para personas en todos los niveles de fe y liderazgo
- Busca restaurar, motivar y despertar propósito

www.ingramcontent.com/pod-product-compliance
Lightning Source LLC
LaVergne TN
LVHW051124080426
835510LV00018B/2215